Fischer Mini

Flugzeuge

Robin Kerrod

Fischer Verlag

Robin Kerrod
Deutsche Übersetzung und Bearbeitung:
Dieter Rex, Verlagsproduktion, Utting a.A.
Gunther Haake, München

ISBN 3 439 82111 0

Inhalt

Fertig zum Start 6
Das Flug-Zeitalter 8
Geheimnis des Fliegens 10
Baue einen Testflieger 12
Der Düsenantrieb 14
In einem Linienflugzeug 16
Im Cockpit 18
Im Flughafen 20
Versorgung am Boden 22
Der Tower 24
Das Bodenpersonal 26
Flugzeugtypen 28
Glossar 32
Index 34

Wenn du auf ein unbekanntes Wort triffst, dann suche im Glossar die Erklärung.

Fertig zum Start

»Die Starterlaubnis ist erteilt«, tönt es aus dem Kopfhörer. »Roger«, bestätigt der Flugkapitän in der Fliegersprache. Er gibt Vollgas und läßt dabei die Bremsen der großen Passagiermaschine angezogen. Die Düsenmotoren heulen auf. Wenn sie volle Kraft entwickelt haben, löst der Kapitän die Bremsen. Das Flugzeug beginnt, immer schneller zu rollen. Die richtige Geschwindigkeit ist erreicht, und der Kapitän zieht den Steuerknüppel nach hinten. – Das Passagierflugzeug hebt ab und steigt höher und höher in die Luft.

Passagierflugzeuge bringen viele Menschen schnell an weit entfernte Orte. Von großen Flughäfen aus starten und landen jeden Tag über eintausend Passagierflugzeuge.

Das Flug-Zeitalter

Im Jahre 1914 begannen regelmäßige Passagierflüge. Seitdem sind die Flugzeuge immer größer geworden. Eines der größten Flugzeuge, die Boeing 747, kann 394 Menschen bequem transportieren.

Mc Donnell Douglas DC-10 (1970) - einer der ersten Düsenflieger mit drei Düsenmotoren

Boeing 747 (1969) – das erste Riesen-Düsenflugzeug (englisch: jumbo jet)

Benoist-Wasserflugzeug (1914)
– der erste Passagierflieger

De Havilland Comet I (1949) – erstes Linienflugzeug mit Düsenmotor

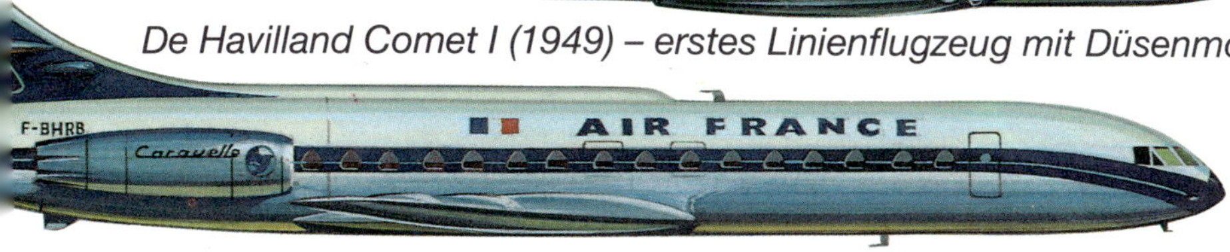

Sud Aviation Caravelle (1955) – erstes Düsenflugzeug mit Heckmotoren

Boeing 707 (1958) – erster großer Linienflieger zur Atlantik-Überquerung

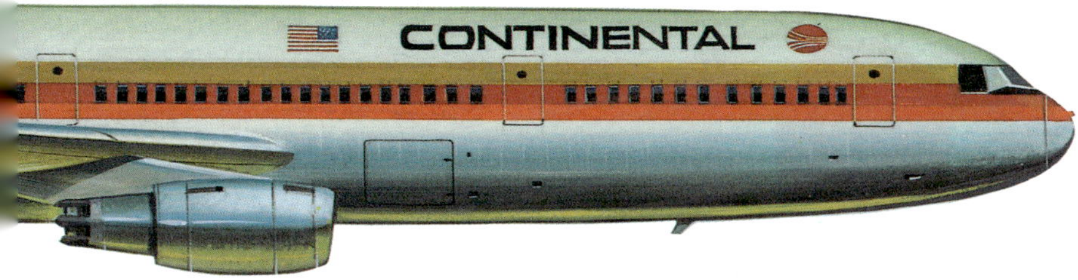

Geheimnis des Fliegens

Ein großes Düsenflugzeug wiegt mehr als 150 Autos. Damit es sich in der Luft halten kann, muß es Flügel haben und sehr schnell fliegen. Wichtig ist die gewölbte Form der Flügel. Nur dann entsteht Auftrieb, wenn der Flügel durch die Luft bewegt wird. Auftrieb ist der Name der Kraft, die den Flügel nach oben zieht. Je schneller der Flügel nach vorne bewegt wird, desto stärker wird der Auftrieb. Sobald der Sog nach oben stärker ist als das Gewicht, hebt sich ein Flugzeug in die Luft.

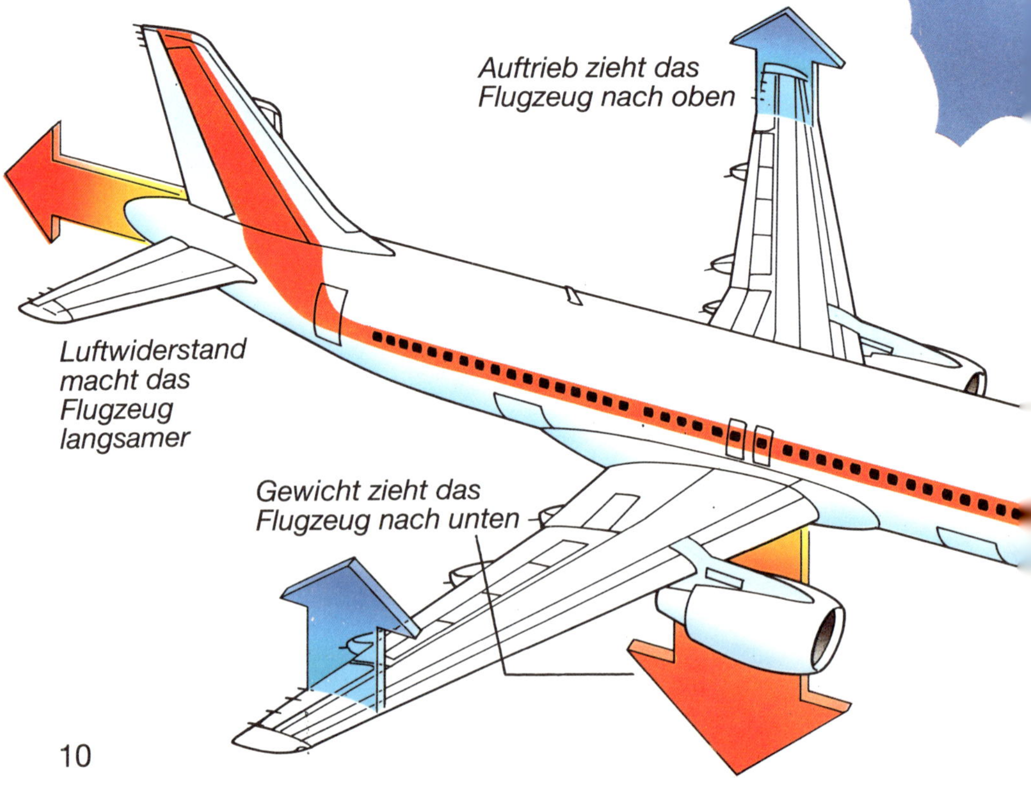

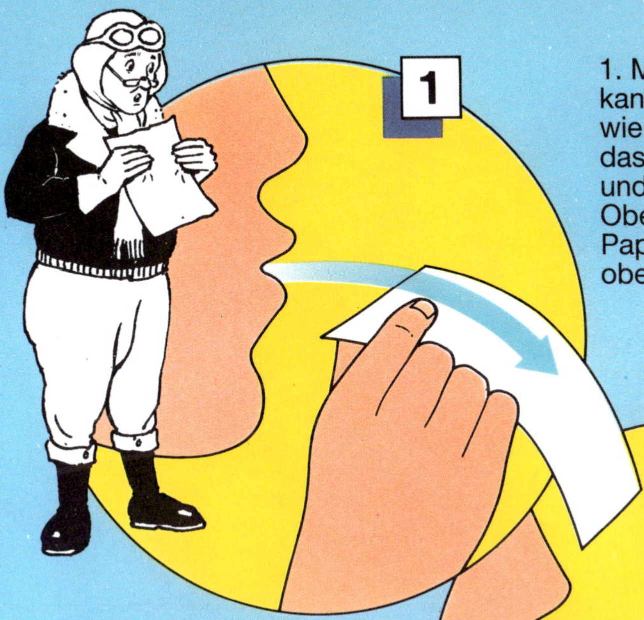

1. Mit einem Blatt Papier kannst du herausfinden, wie Auftrieb entsteht. Halte das Blatt vor den Mund und blase kräftig an der Oberseite entlang. – Das Papier hebt sich nach oben!

2. Und wie funktioniert das? Bläst du an der Oberfläche entlang, sinkt dort das Gewicht der Luft, der Luftdruck. Der Luftdruck an der Unterseite ist dann stärker als an der Oberseite, das Papier wird nach oben gezogen.

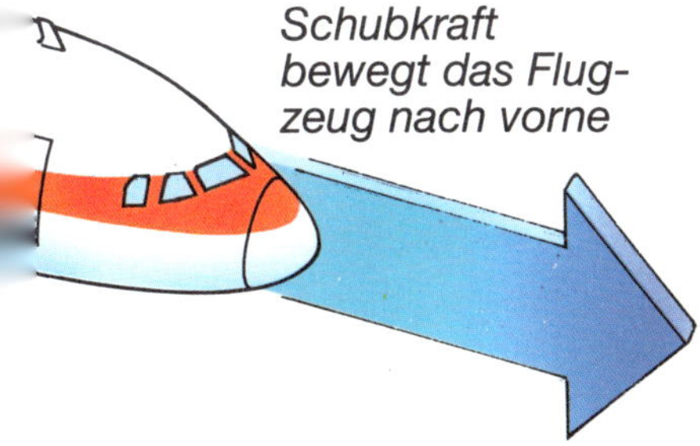

Vier Kräfte wirken in der Luft auf ein Flugzeug: Der Auftrieb gleicht das Gewicht und damit den Zug nach unten aus. Die Kraft des Gegenwindes, den Luftwiderstand, überwindet ein Flugzeug durch die Schubkraft der Motoren.

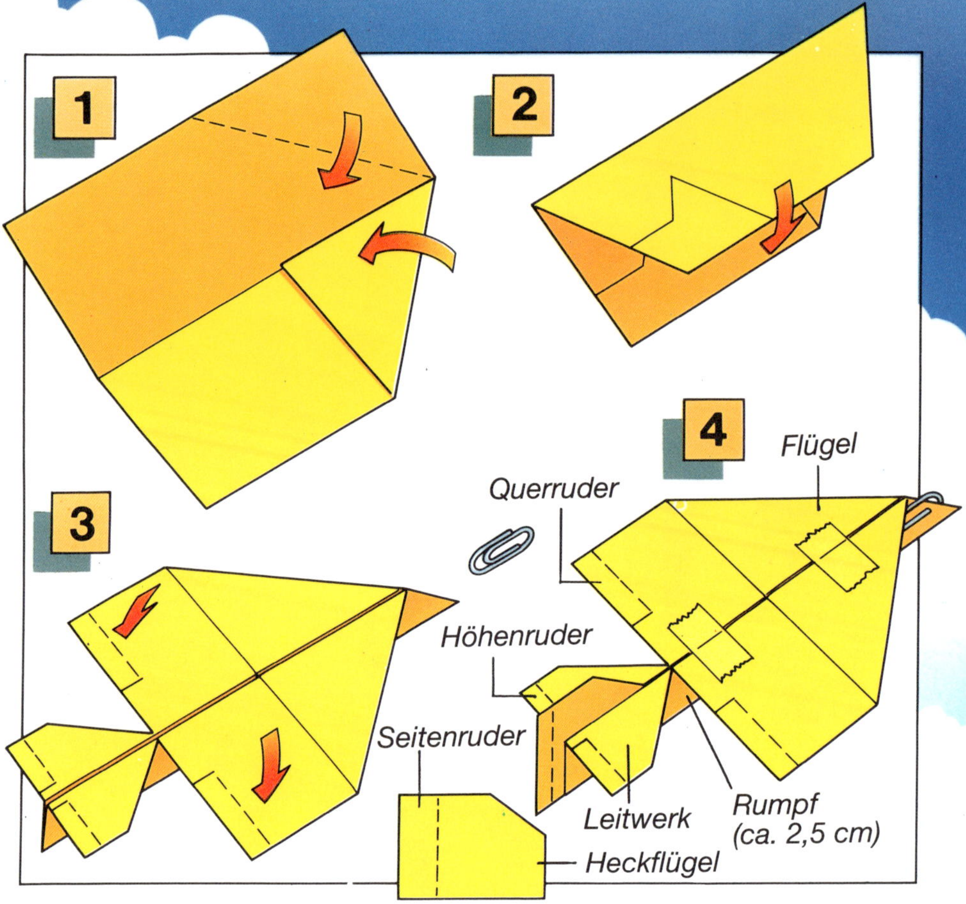

Baue einen Testflieger

Für einen Papierflieger brauchst du ein Blatt dünnen Karton. Knicke und schneide ihn wie in der Zeichnung: In der Mitte falten und vorne zwei Ecken knicken (1).
Zusammenfalten (2) und Flügel nach außen knicken. Lasse unten einen zwei Finger breiten Rand.
Schneide die Flügel zurecht wie in Bild 3, kurze Schnitte für Höhen- und Querruder nicht vergessen!
Als Gewicht befestige an der Nase eine Heftklammer (3) und als Seitenruder hinten ein kleines Papierstück (4).
Zusammenklebt kann der Probeflug beginnen.

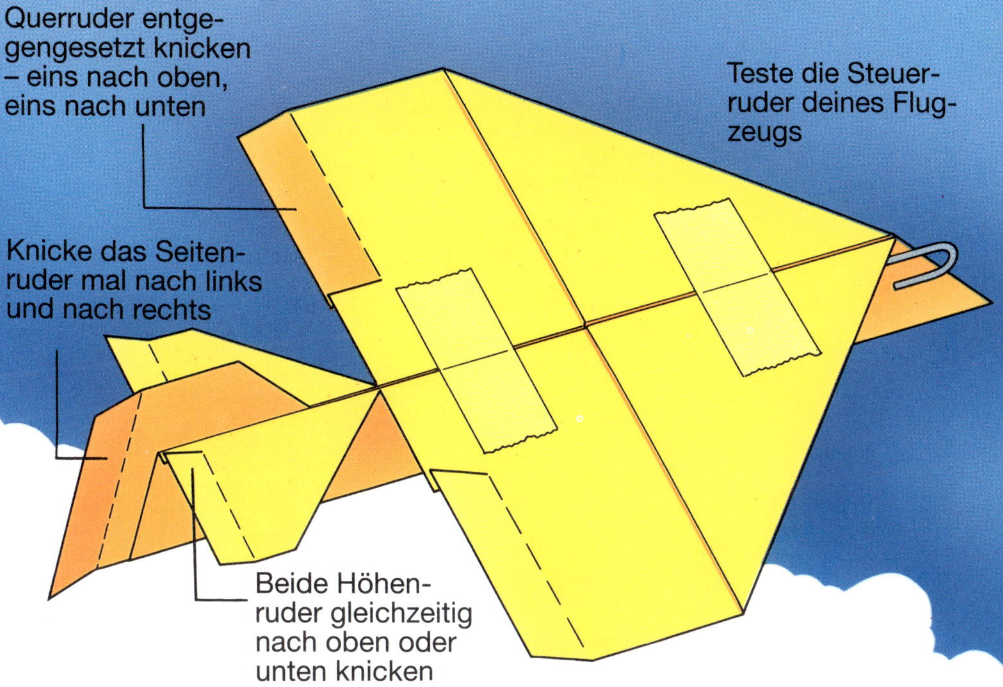

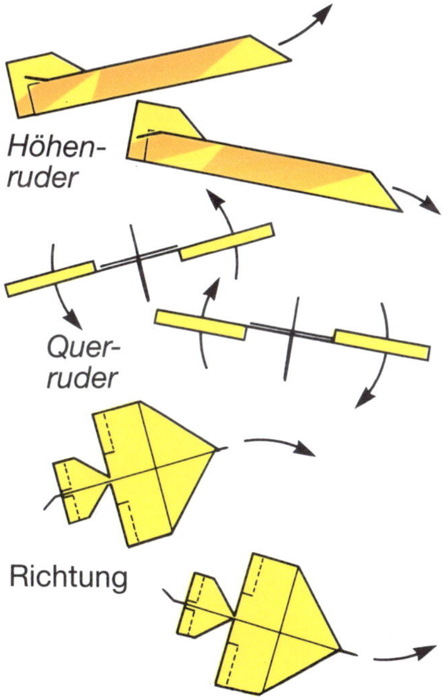

Wie du steuern auch Piloten ihre Flugzeuge. Mit dem Höhenruder wird nach oben oder unten gesteuert. Mit den Querrudern wird die Lage der Flugzeuge in der Luft bestimmt. Zusammen mit dem Seitenruder wird die Flugrichtung bestimmt. Um Kurven zu fliegen, sind die Querruder wichtiger, das Seitenruder macht das Flugverhalten aber erst stabil.

Der Düsenantrieb

Die ersten Düsenflieger wurden 1939 ausprobiert. Heute gibt es fast nur noch Düsenflugzeuge. In Düsenmotoren wird Benzin so verbrannt, daß ein heißer Luftstrahl entsteht. Der Strahl wird nach hinten geleitet und stößt sich an der Umgebungsluft ab. – Das Flugzeug wird nach vorne geschoben. Das funktioniert wie bei einem Luftballon, aus dem die Luft schnell ausströmt. Noch kräftiger als Düsenmotoren sind Turbinenstrahltriebwerke. Das sind Düsenmotoren, die zusätzlich mit einem Propeller Luft ansaugen. Diese Motoren können Flugzeuge auf 1000 km/h beschleunigen.

Turbinen-Strahltriebwerke: Ein Turbinen-Strahltriebwerk saugt vorne Luft (1) mit einem Propeller (2) ein. Im Kompressor (3) wird die Luft zusammengepreßt und dann in eine Brennkammer (4) gedrückt. Dort wird Benzin eingespritzt und entzündet. Die heißen Gase der Verbrennung entweichen nach hinten und drehen eine Turbine (5), die mit dem vorderen Propeller verbunden ist. Die Schubkraft – und damit die Bewegung nach vorne – erzeugen im Turbinenstrahltriebwerk die heißen Gase (6) und die vom Propeller durch den Motor gepreßte Luft (7).

Boeing 767

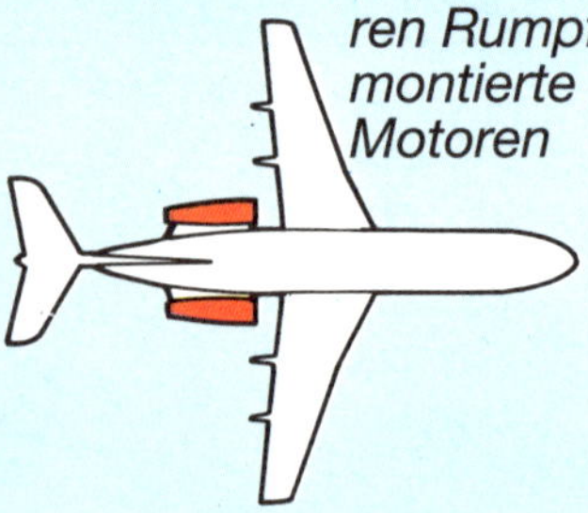

Fokker F28

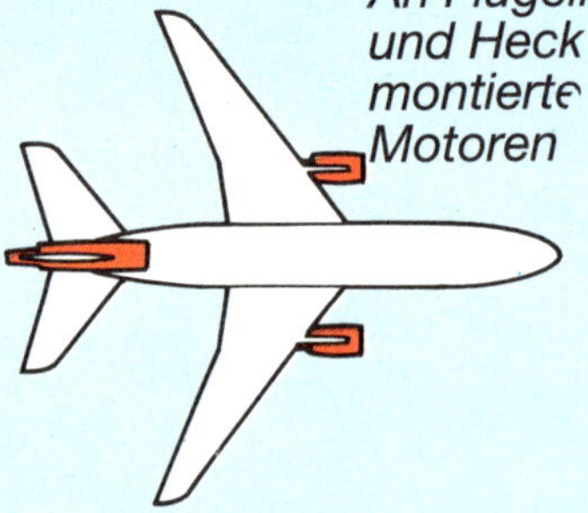

MD-11

Blase einen Luftballon kräftig auf. Wenn du ihn losläßt, schießt die Luft aus dem Blasloch heraus. Genau wie bei einem Düsenmotor treibt die schnell ausströmende Luft den Ballon nach vorne.

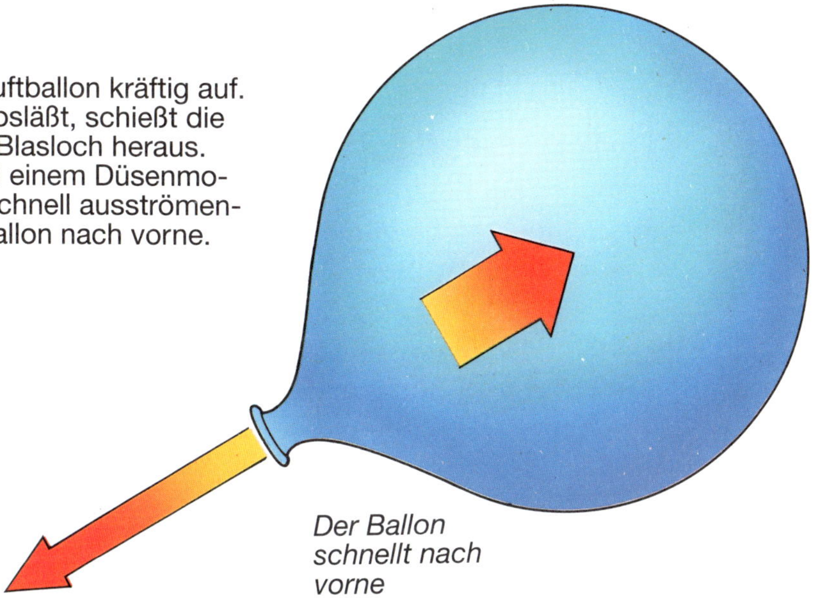

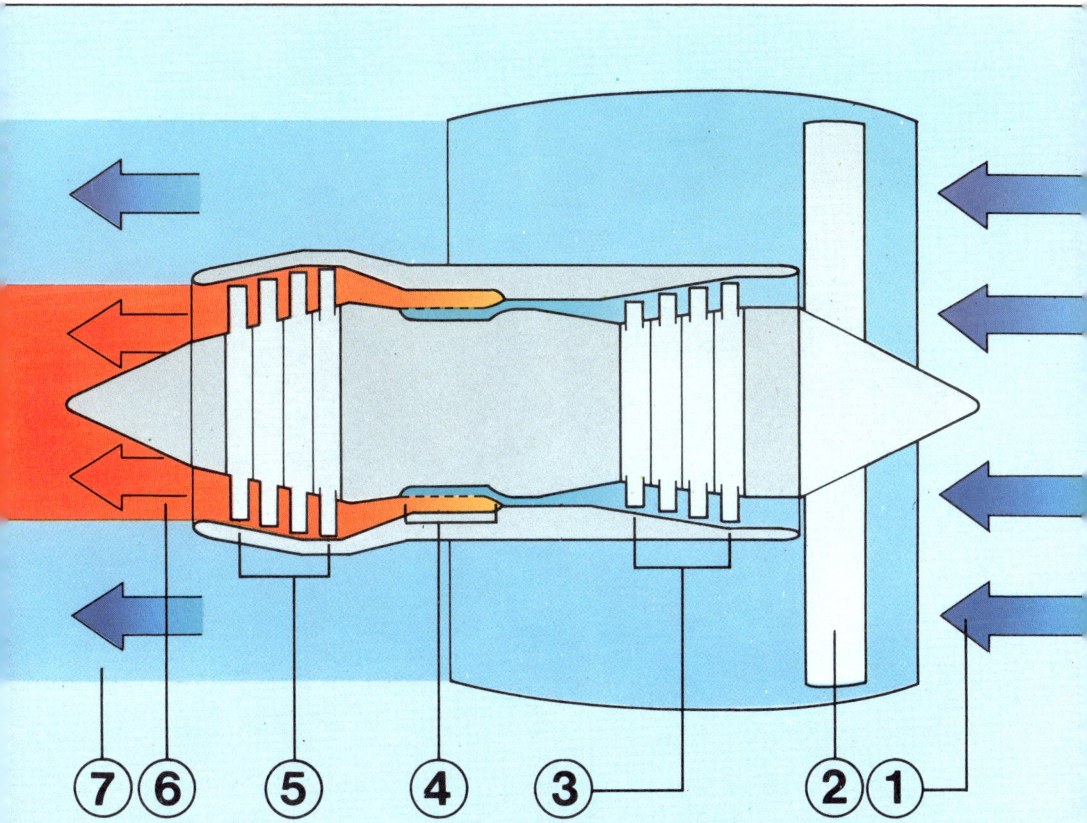

In einem Linienflugzeug

Linienflugzeuge fliegen regelmäßig bestimmte Strecken, genauso, wie ein Linienbus bestimmte Strecken fährt. Beide Fahrzeuge befördern Passagiere.
Auf dem Bild siehst du ein mittelgroßes Linienflugzeug. Dieser Airbus (Luftbus) A320 kann 150 bis 180 Menschen befördern.

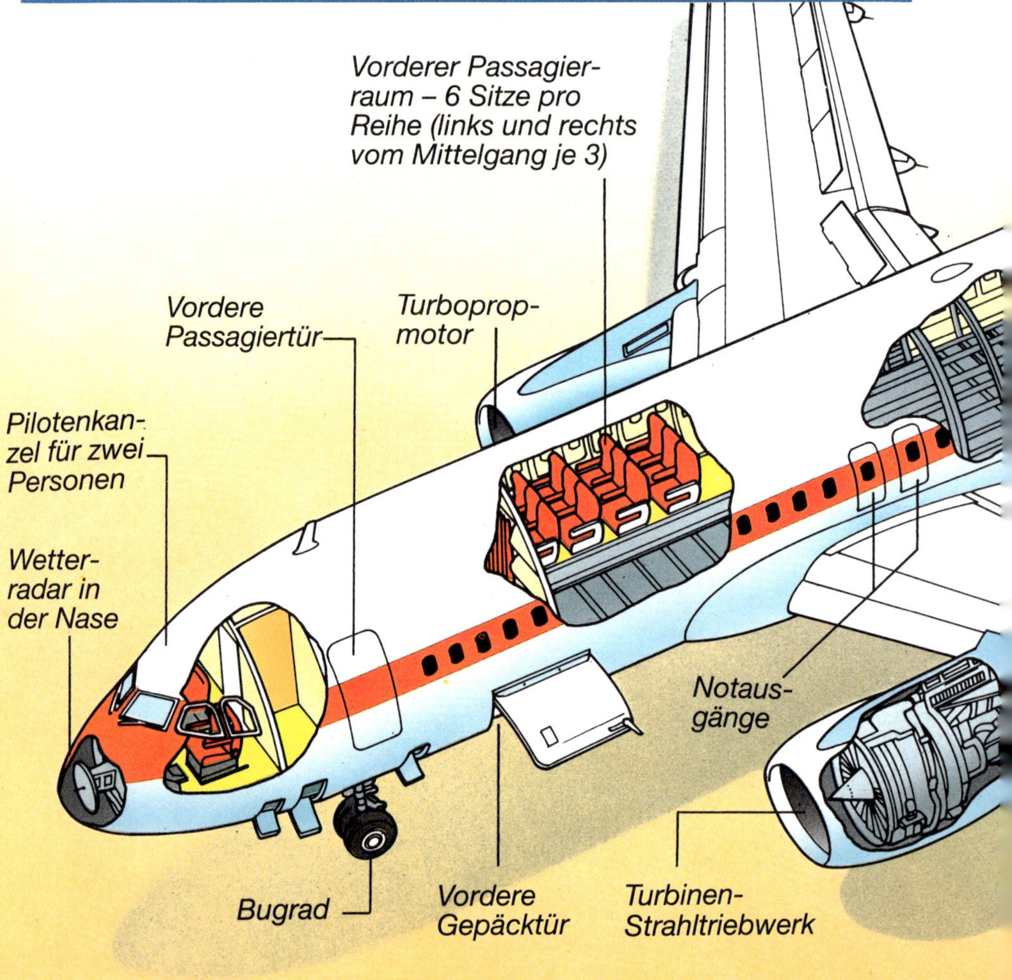

Der Airbus A320 wird von europäischen Firmen gebaut. Er wurde 1987 das erste Mal eingesetzt. Dieses moderne Linienflugzeug fliegt rund 800 km/h schnell.

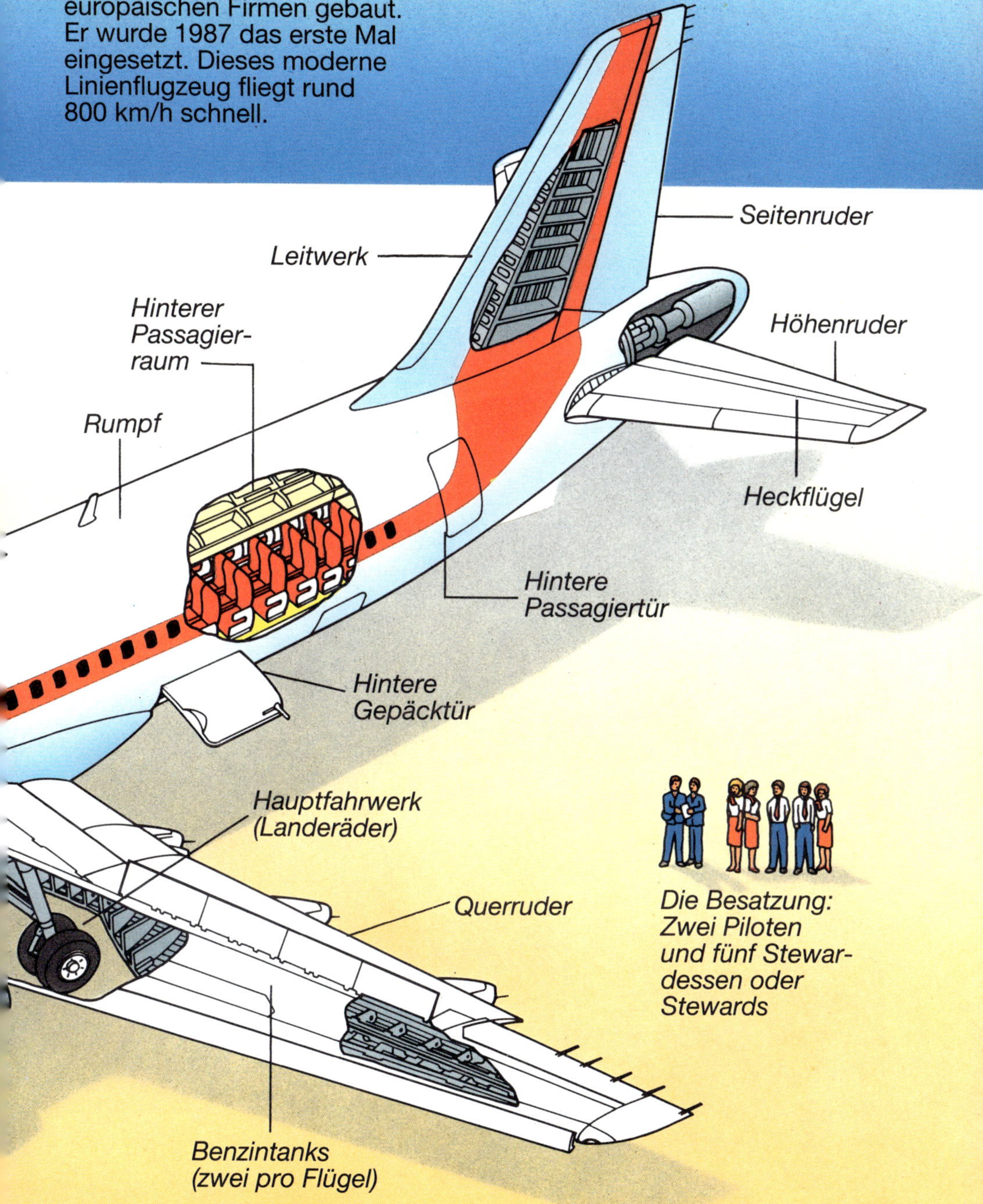

Die Besatzung: Zwei Piloten und fünf Stewar-dessen oder Stewards

Im Cockpit

Nimm einmal im Kontrollraum eines Passagierflugzeugs Platz. Hier arbeiten die Pilotin und der Copilot. Die Pilotin steuert das Flugzeug und der Copilot hilft ihr dabei. Beide brauchen dazu viele Instrumente. Die Instrumente zeigen die Geschwindigkeit, die Flughöhe, die Seitenlage des Flugzeugs und vieles mehr an. Vor den Instrumenten siehst du viele Hebel. Mit den Hebeln gibt die Pilotin Gas und bewegt die Steuerruder.

Tachometer

Höhenmesser

Künstlicher Horizont

Rechts siehst du die wichtigsten Anzeige-Instrumente.
Der **Tachometer** zeigt die Geschwindigkeit in Knoten an. (Ein Knoten ist eine englische Maßeinheit, die etwa 2 km/h entspricht.) Der **Höhenmesser** zeigt die Flughöhe und der **Künstliche Horizont** die Seitenlage.
Bei diesem Instrument stellt die gelbe Markierung stellt das Flugzeug dar. Die Linie zwischen der blauen und der schwarzen Fläche zeigt den Horizont.

Im Flughafen

Warst du schon einmal im Ausland? Stell dir vor, du willst sehr weit weg verreisen. Dazu brauchst du ein Flugzeug. – Und eine Flugreise beginnt im Flughafen. Dort muß noch viel erledigt werden, bis du im Flugzeug sitzt.

Du zeigst deinen Flugfahrschein, das Ticket, am Schalter der Fluggesellschaft vor. Dort wird nachgesehen, ob du auf der Passagierliste stehst und dein Gepäck entgegengenommen. Wenn alles in Ordnung ist, bekommst du eine Bordkarte und einen Gepäckschein. Auf der Bordkarte ist dein Sitzplatz im Flugzeug eingetragen; den Gepäckschein brauchst du, um am Ziel dein Gepäck abzuholen.

Fertig zum Abflug
Die Abflugzeit und der Weg zum Flugzeug ist im Flughafen auf großen Tafeln angeschlagen. Mit deiner Bordkarte kannst du im Wartesaal solange platznehmen, bis das Flugzeug betreten werden kann. Auf dem Weg zum Flugzeug mußt du noch den Ausweis und das Gepäck überprüfen lassen.

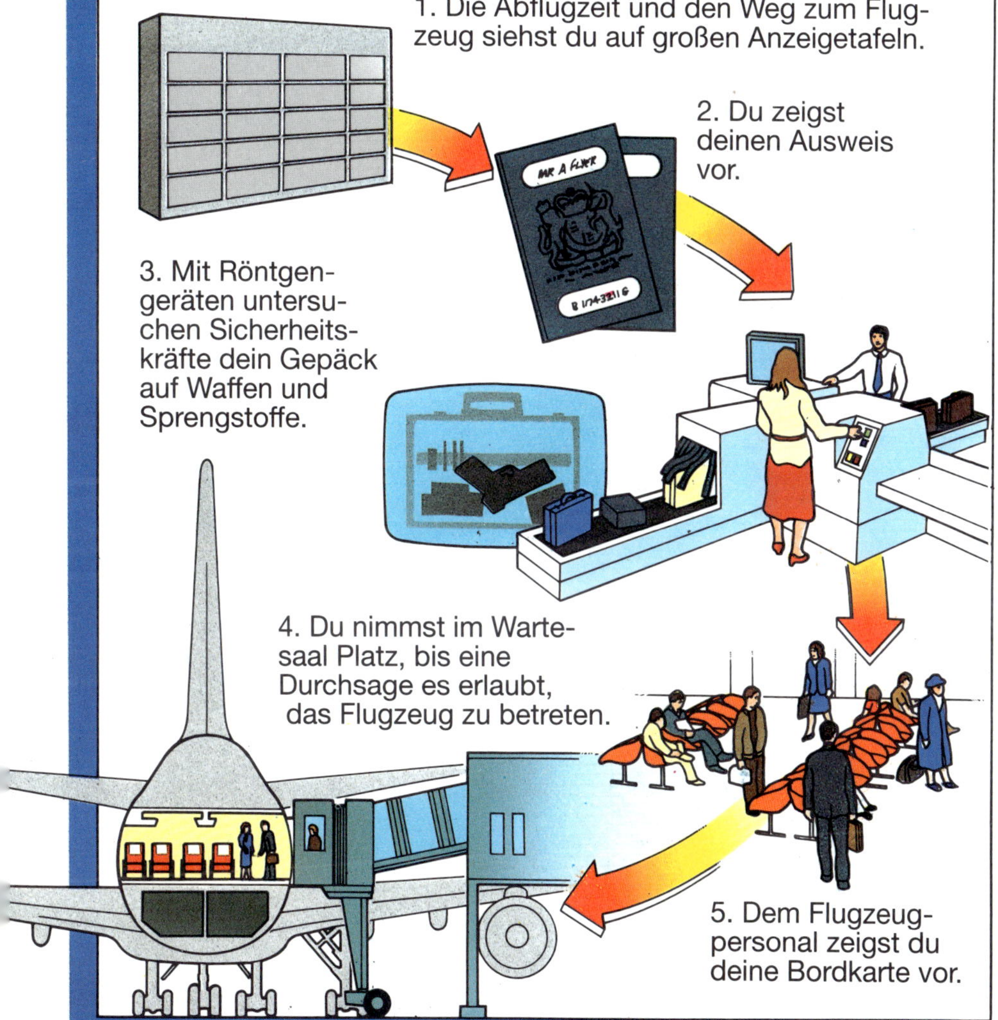

1. Die Abflugzeit und den Weg zum Flugzeug siehst du auf großen Anzeigetafeln.

2. Du zeigst deinen Ausweis vor.

3. Mit Röntgengeräten untersuchen Sicherheitskräfte dein Gepäck auf Waffen und Sprengstoffe.

4. Du nimmst im Wartesaal Platz, bis eine Durchsage es erlaubt, das Flugzeug zu betreten.

5. Dem Flugzeugpersonal zeigst du deine Bordkarte vor.

Versorgung am Boden

Auf einem Flughafen ist immer etwas los. Ständig starten und landen Flugzeuge. Damit ein Flugzeuge nicht ungenutzt herumsteht, sorgen viele Menschen dafür, daß es schnell wieder losfliegen kann. Während du in der Wartehalle sitzt, wird dein Gepäck schon in das Flugzeug geladen. Lastwagen bringen gleichzeitig Benzin und Essen für den nächsten Flug, und im Flugzeug sammelt Reinigungspersonal den Abfall vom letzten Flug, damit du eine angenehme Reise antreten kannst.

Die Concorde ist ein besonderes Flugzeug: Sie ist der schnellste Passagierflieger der Welt. Am Boden wird die Concorde betreut wie jedes andere Flugzeug.

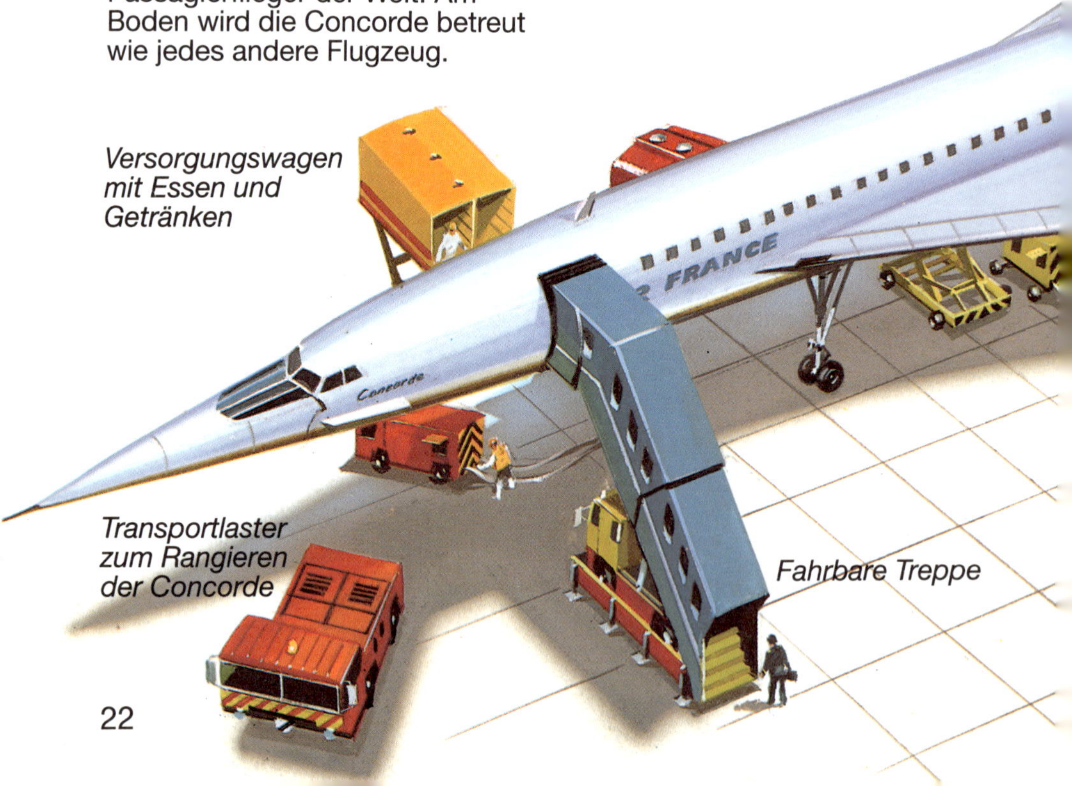

Zwischen den Flügen wird die Concorde aufgetankt. Wie alle Düsenflugzeuge verbraucht sie pro Stunde mehrere tausend Liter Treibstoff. Bei Flugzeugen heißt der übrigens nicht Benzin, sondern Kerosin.

Der Tower

Im Tower sitzen Menschen, die den Flugverkehr regeln. Tower ist ein englisches Wort und bedeutet »Turm«. Er ist so hoch, daß das Personal den ganzen Flughafen und den Luftverkehr in der Nähe überblickt. Den Piloten der Flugzeuge sagt das Tower-Personal, wann sie starten und landen dürfen.

Bevor ein Pilot mit seinem Flugzeug die Parkposition (P) verlassen darf, muß er das Tower-Personal (T) um Erlaubnis fragen. Dann fährt der Pilot das Flugzeug zum Warteplatz (W) und wartet auf die Starterlaubnis. Wird die erteilt, rollt er zur Startbahn (S), und der Flug beginnt.

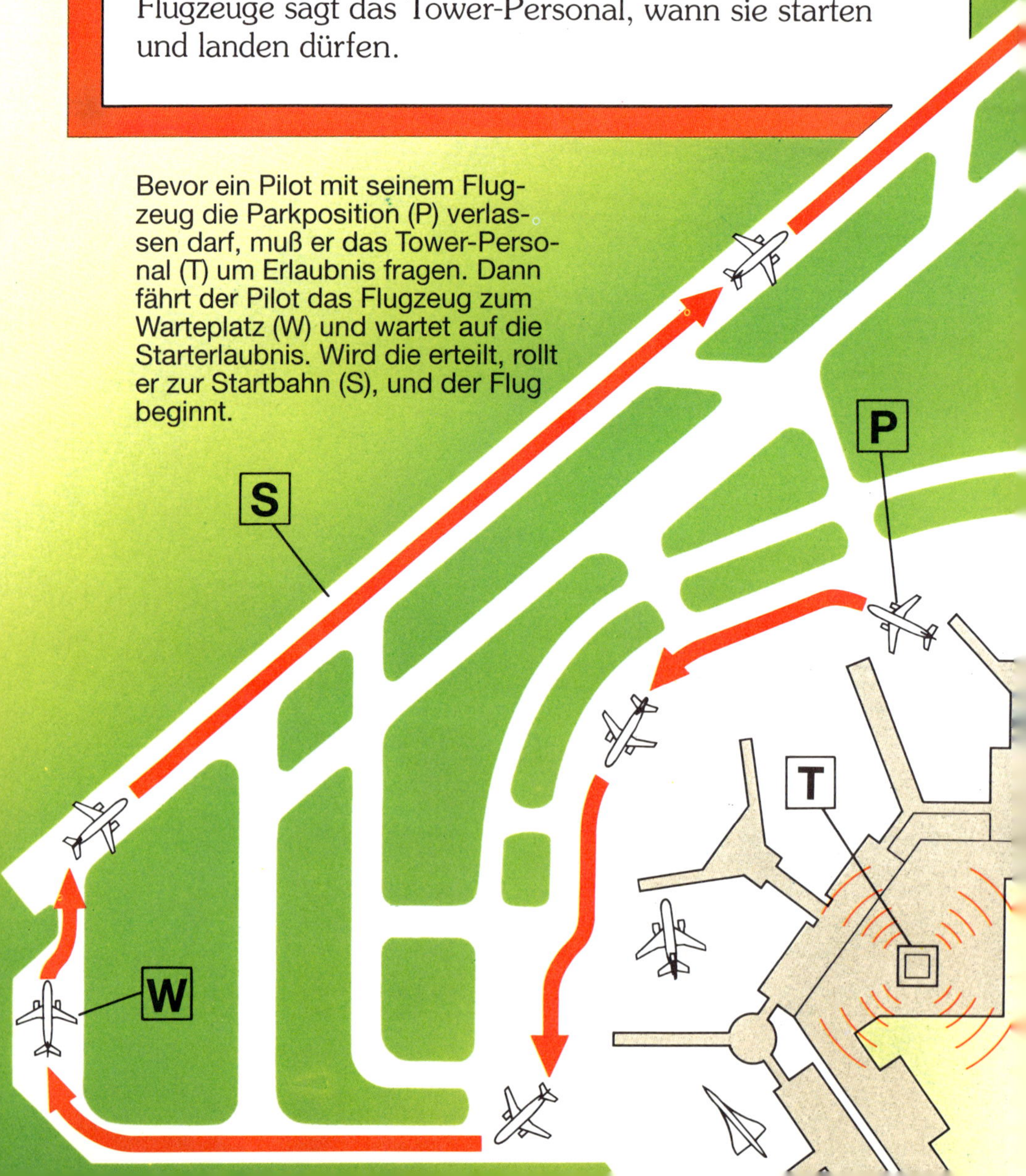

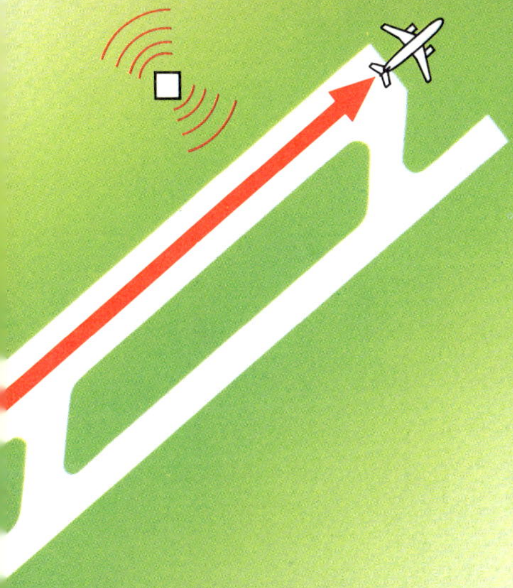

Große Flugzeuge brauchen sehr lange Startbahnen. Auf kurzen Bahnen können sie die Geschwindigkeit nicht erreichen, die sie zum Abheben brauchen.

Der Tower ist das höchste Bauwerk eines Flughafens. Von dort aus hat das Personal der Flugsicherheit die beste Übersicht.

Die Sprache im Funkverkehr

Die Piloten und die Menschen im Tower unterhalten sich mit Hilfe von Funkgeräten. Die Piloten erfahren dabei vor allem, wann sie starten oder landen dürfen.
Damit ein Pilot weiß, wann er vom Tower gerufen wird, hat jedes Flugzeug einen kurzen Namen. Er besteht aus wenigen Ziffern und Buchstaben, genauso wie ein Auto-Nummernschild. Zur Sicherheit werden statt der einzelnen Buchstaben Namen genannt.

A ALPHA
B BRAVO
C CHARLIE
D DELTA
E ECHO
F FOXTROT
G GOLF
H HOTEL
I INDIA
J JULIET
K KILO
L LIMA
M MIKE
N NOVEMBER
O OSCAR
P PAPA
Q QUEBEC
R ROMEO
S SIERRA
T TANGO
U UNIFORM
V VICTOR
W WHISKY
X X-RAY
Y YANKEE
Z ZULU

Das Bodenpersonal

Rund um die Flugzeuge muß alles reibungslos funktionieren. Am wichtigsten sind dabei die Mechanikerinnen und Mechaniker. Sie überprüfen, ob die Flugzeuge noch sicher fliegen können. Daneben sorgen viele andere Menschen für einen sicheren Flugverkehr.

Die Feuerwehrautos sind mit großen Schaumkanonen ausgerüstet. – Mit Schaum ist Feuer am schnellsten zu löschen.

Auf einigen Flughäfen werden Flugzeuge aus unterirdischen Kerosintanks befüllt. Laster transportieren Schläuche zwischen Tank und Flugzeug.

Im Winter sorgen Schneeräumer für schnee- und eisfreie Start- und Landebahnen.

Bodensignale
Ein Flugzeug muß an einer ganz bestimmten Stelle parken, damit Fluggäste ein- und aussteigen können. In der Nähe des Parkplatzes sorgen Einweiser dafür, daß die Pilotin die richtige Stelle findet. Einweiser tragen Ohrschützer, weil sie ständig in der Nähe der lauten Flugzeugmotoren arbeiten.
Mit zwei Tischtennis-Schlägern oder Pappen kannst du versuchen, jemanden wie ein echter Einweiser zu dirigieren. Die Winkzeichen sind ganz einfach zu lernen.

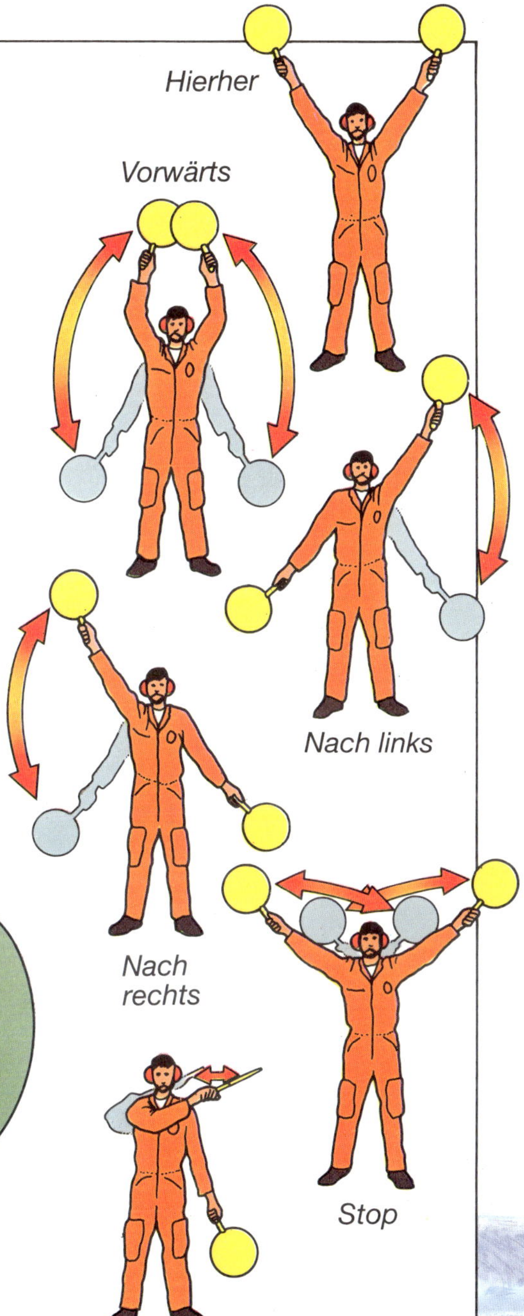

Flugzeugtypen

Du kannst die am meisten benutzten Flugzeugtypen auseinanderhalten, wenn du sie mit den Zeichnungen vergleichst. Auf den blauen Linien kannst du notieren, wo du sie gesehen hast.

Aérospatiale Caravelle (F)

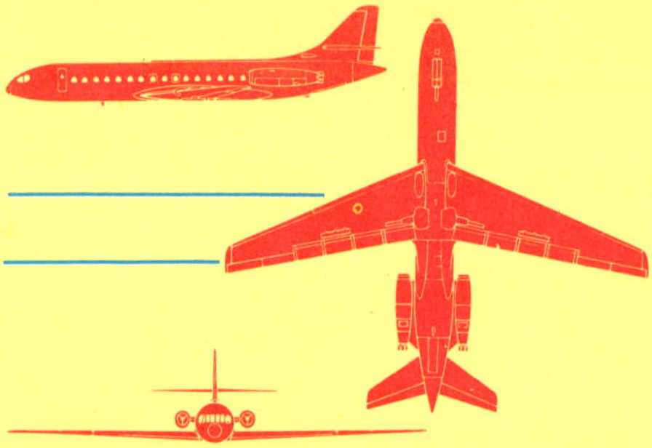

Aérospatiale/BAe Concorde (F / GB)

Airbus A300 (Europa)

Airbus A310 (Europa)

Airbus A320 (Europa)

BAe 146 (GB)

BAe (BAC) 1-11 (GB)

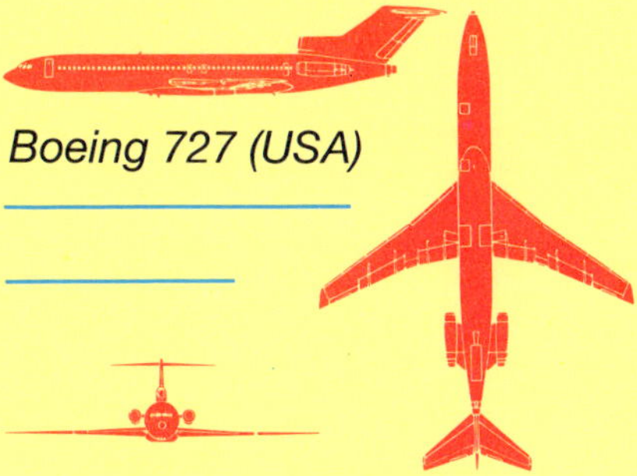

Boeing 727 (USA)

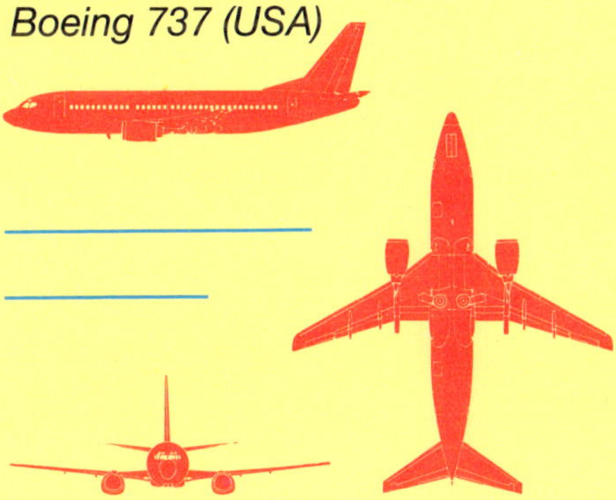

Boeing 737 (USA)

Boeing 747 (USA)

Mit einem Fernglas kannst du auch die Flugzeugnummer deutlich entdecken. Sie steht unter einem Flügel oder hinten am Rumpf. Wenn du Lust hast, kannst du auch genaue Notizen und Fotos machen.

Weitere Flugzeugtypen

Boeing 757 (USA)

Boeing 767 (USA)

Fokker 100 (NL)

Ilyushin IL-86 (Rußland)

Jede Fluggesellschaft bemalt ihre Flugzeuge in ihren Farben. Neben dem Firmennamen könnt ihr meistens auch ein Wappen entdecken. Oft werden Tiere als Erkennungszeichen aufgemalt. Ein fliegendes Känguruh beispielsweise ist das Kennzeichen der australischen Fluggesellschaft Quantas.

Lockheed TriStar (USA)

McDonnell Douglas MD-11 (USA)

McDonnell Douglas MD-80 (USA)

Tupolev Tu-154 (Rußland)

Deine eigene Fluggesellschaft
Wie würdest du deine eigene Fluggesellschaft nennen?
Und wie würdest du deine Flugzeuge anmalen?
Probier es einfach mal aus!

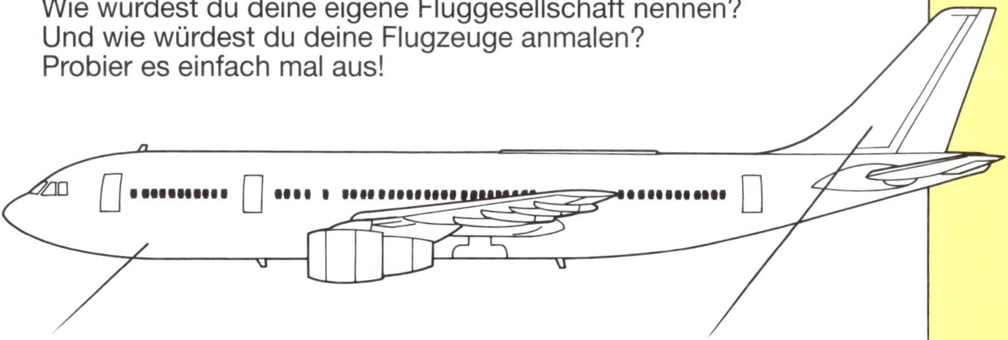

Bemale den Rumpf am besten mit hellen oder leuchtenden Farben.

Entwickle ein Firmenzeichen für das Leitwerk.

Glossar

Auftrieb
Die Kraft, die dafür sorgt, daß ein Flugzeug fliegt, wird Auftrieb genannt. Er entsteht an der Flügeloberfläche.

Bodenpersonal
Alle Menschen, die wichtig für den Flugbetrieb sind und nicht im Flugzeug arbeiten, zählen zum Bodenpersonal.

Cockpit
Die Fahrerkabine eines Flugzeugs. Im Cockpit eines Linienflugzeugs sitzen immer der Flugkapitän und sein Copilot. Manchmal sitzt auch noch ein Elektroniker im Cockpit. Er hilft, komplizierte Instrumente und Geräte zu bedienen.

Höhenruder
Damit wird ein Flugzeug auf und ab gesteuert.

Kabine
In der Kabine sitzen die Passagiere eines Flugzeugs.

Kontrollinstrumente
Mit den Kontrollinstrumenten kann ein Pilot ein Flugzeug viel besser steuern. Diese Instrumente zeigen Himmelsrichtungen, Geschwindigkeit, Benzinreserve und vieles mehr an.

Leitwerk
Das Leitwerk sitzt am Heck. Es besteht aus den Heckflügeln und dem aufrecht stehenden Ruderblatt. Am Leitwerk sind die Höhen- und Seitenruder befestigt.

Motor
Große Passagierflugzeuge werden mit Turbopropmotoren ausgestattet. Kleinere Flugzeuge haben manchmal noch Propellermotoren. Die sind leichter, einfacher zu warten und besser zu bedienen.

Radargerät
Mit einem Radargerät werden Wellen ausgesandt und

empfangen. Treffen ausgesandte Wellen auf einen Gegenstand, werden sie von dort zurückgeworfen. Im Flugzeug und im Tower können die zurückkommenden Wellen sichtbar gemacht werden. Sie bilden dann den reflektierenden Gegenstand ab. So werden Radarwellen zur Orientierung und zur Flugbeobachtung benutzt. – Auch bei Dunkelheit und über weite Entfernungen.

Rumpf
Der Hauptkörper eines Flugzeugs. In ihm sind die Passagiere und das Gepäck untergebracht.

Seitenruder
Das Seitenruder sorgt zusammen mit den Querrudern dafür, daß ein Pilot Kurven fliegen kann.

Start- und Landebahn
Lange asphaltierte Wege. Sie sehen aus wie eine breite Straße. Flugzeuge brauchen diese Bahnen, um starten und landen zu können.

Steuerknüppel
Der Haupt-Lenkhebel eines Flugzeugs. Mit ihm werden das Seitenruder, das Höhenruder und die Querruder bedient.

Terminal
Das Terminal ist das Hauptgebäude eines Flughafens. Im Terminal werden die Flugpassagiere betreut.

Tragflächen
Weil die Flügel Flugzeuge in der Luft 'tragen', werden sie oft auch Tragflächen genannt.

Turbopropmotor
Ein besonderer Motor, der gleichzeitig als Düsen- und Propellermotor funktioniert. So nutzt dieser Motor zwei Schubkräfte zum Fliegen.

Warteplatz
Auf dem Warteplatz steht ein Flugzeug kurz vor dem Start. Bis der Pilot die Erlaubnis bekommt, die Startbahn zu benutzen, wartet das Flugzeug dort.

Index

Airbus 16, 28
Anzeigetafel 21
Auftrieb 10, 11
Aérospatiale Caravelle 28
BAe 28, 29
Benoist-Wasserflugzeug 9
Benzintank 17
Bodenpersonal 26
Boeing 8, 9, 14, 29, 30
Bordkarte 20
Bugrad 16
Cockpit 18
Concorde 22, 28
Copilot 18
De Havilland Comet 9
Düsenflugzeug 10
Düsenmotor 14
Einweiser 27
Fahrbare Treppe 22
Feuerwehr 26
Fluggesellschaft 30
Flughafen 20
Flugpersonal 21
Flugsicherheit 25
Flügel 10, 12
Fokker 14, 30
Funkverkehr 25
Gepäck 20, 23
Gepäcktür 16,17
Hauptfahrwerk 17
Heckflosse 17
Heckflügel 12, 17
Höhenlage 13
Höhenmesser 19
Höhenruder 6, 12, 13, 17
Ilyushin IL-86 30
Instrumente 18
Kerosin 23
Künstlicher Horizont 19
Leitwerk 12
Linienflugzeug 16
Lockheed TriStar 31
Luftdruck 11
Luftwiderstand 11
Mc Donnell Douglas 8, 31
MD-11 14
Mechaniker 26
Notausgänge 16
Passagierflugzeug 6, 7
Passagierliste 20
Passagierraum 16
Passagiertür 16, 17
Pilot 17, 18
Pilotenkanzel 16
Propeller 14
Querlage 13
Querruder 12, 13, 17
Rumpf 12, 17
Röntgengerät 21
Schneeräumer 26
Schubkraft 11, 14
Seitenruder 12, 13, 17
Sicherheitskräfte 21
Startbahn 25
Starterlaubnis 6, 24
Steuerruder 13
Steward 17
Sud Aviation Caravelle 9
Tachometer 19
Tankfahrzeug 23
Ticket 20
Tower 24, 25
Turbinen-Strahltriebwerk 14, 16
Tupolev Tu-154 31
Versorgungswagen 22
Warteplatz 24
Wartesaal 21
Wetterradar 16
Winkzeichen 27